D O L E T.

Preferue moy, ô Seigneur,
des calumnies des
hommes.

LE SECOND

ENFER

D'ESTIENNE

DOLET NATIF

D'ORLE

ANS.

*

Qui sont certaines compositions faictes par luy
mesmes, sur la iustification de son second emprisonnement.

A TROYES,
Par maistre Nicole Paris.
1544.

AV LECTEVR.

APres l'Enfer de DOLET, tu trouueras une Epiſtre en rhithme francoiſe faicte & com=
poſée par Clement Marot, & par luy enuoyée à
Monſeigneur le Daulphin : qui eſt d'ung meſme ar=
gument : car par icelle, il prie ledict Seigneur, qu'il
luy plaiſe tant faire enuers le Roy ſon pere,
que par ſon moyen ledict Marot re=
tourne en FRANCE, auec ſa
premiere liberté.

Item,

Pluſieurs aultres belles compoſitions plei=
nes de grand profict, & de ſingu=
liere recreation pour
l'eſperit de
l'Hom=
me.

ESTIENNE DOLET,

à ſes meilleurs, & princi-
paulx Amys, humble
Salut.

*

E ſcay, mes Amys, que le
naturel de l'Homme eſt
tel (hors mys bien peu,
qui ne croyent à la legie-
e) que tout ſoubdain, qu'vng per-
ſonnage tombe en quelcque infor-
une, & calamité, on preſume plus
oſt cela venir de ſa faulte, que par
meſchanſeté d'aultruy. Qui eſt la
auſe, que i'ay voulu faire publier
es myennes petites compoſitions
reſſées ſur la probation de mon
nocence, touchant mon dernier

A 2   emp

emprisonnement : affin que si auez
esté mal informés par cy deuant de
mon affaire (m'attribuantz coulpe,
ou ie suis totalement sans coulpe)
vous reiectiez vostre opinion mau-
uaise : & congnoissiez, qu'a tort, &
sans cause (toutesfoys en cela ie me
remects à Dieu:& le requiers humblement, qu'il me garde de mur-
murer contre sa saincte voulunté)ie
suis en peine, & fascherie. Lisant
doncq' les compositions, qui s'en-
suyuent, vous entendrez mon innocence,& aurez regret,que ie lan-
guisse en telle misere non meritée.
Au demeurant, si vous trouuez
estrange, que ce present Opuscule
soit intitulé,mon second Enfer, vo-

que ie n'en ay point mys de premier en lumiere:ie vous aduise,que le tiltre de ce second, est pour le respect du premier : lequel courroit desia par le monde, sans la fascherie, qui m'est dernierement aduenue. Mais auec le temps,il aura sa publication. Pour ceste heure,ie me contente,de vous faire apparoistre, que c'est par malheur, & non par delict, & crime, que ie suis en afflition. Cela vous estant persuadé (cóme certainement il doibt estre) mon aduersité tant grande,me sera diminuée de la moytié : & pour mon reconfort, ie me mettray de iour en iour deuant les yeulx,les regrets, & souspirs, que vous, Amys,

A 3 faires

fairez pour l'infortune de voſtre
amy. Qui, en ceſt endroict, bien
affectueuſement à vous touts ſe
recommande, priant Dieu
vous auoir en ſa ſain-
cte garde. —
Eſcript en ce Monde, ce premier
iour de May, l'An de la re-
demption humaine,
mil cinq
cens,
quarante & quatre.

AV TRES-
CHRESTIEN, ET
TRESPVISSANT
ROY FRANCOYS,

Estienne Dolet
treshumble
Salut,
& obéissance deüe.

E S ennemys non con-
tents, & saoullés
(Roy Treschrestien, seul
support des foullés)
De m'auoit ia tourmenté
quinze moys,
Se font remis à leurs pre-
miers abboys,
Pour me remettre en ma
peine premiere,
Si ta doulceur, & bonté
singuliere

Ne rompt le coup de leur caulte entreprise,
Que ie te veulx declairer sans faincte:
Affin que Iuge en ma cause tu sois,
Et puisses veoir, si en rien te deçois.
Ces malheureux ennemys de Vertu
Creuants de dueil, qu'ayt esté rabbatu

A 4   Leur

Leur grand effort,par lequel ilz cuydoient
(Comment cuyder?) mais par lequel tendoient
Me mettre à mort oultrageufe,& villaine:
Myeulx,que deuant,ont reprins leur halaine,
Pour m'opprimer à la fin laschement.
      Cela conclud(Syre)voicy comment
Ilz ont bien fceu trouuer moyens fubtilz,
Et mettre aux champs inftruments,& oultilz,
Pour donner vmbre à leur faict cauteleux,
Et m'enroller au renc des fcandaleux,
Des pertinax,obftinés,& mauldicts,
Qui vont femant des liures interdicts.
      Suyuant ce but,ilz font dreffer deux balles
De mefme marcque,& en grandeur efgalles :
Et les enuoyent à Paris par charroy.
      Prends garde icy,Françoys vertueux Roy:
Car ceft le poinct,qui te faira entendre
Trop clairement l'abuz de mon efclandre.
      Ces deux fardeaulx fuffent remplis de liures :
Les vngs mauluais,& les aultres deliures
De ce blazon,que lon nomme heretique:
Le tout conduict par grand ruze,& praticque.
      Et ce fut faict,affin de mieulx trouuer
L'occafion de te dire,& prouuer,
Que c'eftoit moy,qui les balles fufdictes
Auois remply de chofes interdictes.
      Les liures doncq' de mon impreffion
Eftoient dans l'une(ô bonne inuention!)
Et l'aultre balle(& c'eft,dont on me greue)
Remplie eftoit des liures de Genefue :

                           Et

Et à l'entour, ou bien à chaſque coing,
Eſtoit eſcript, pour le veoir de plus loing,
DOLET, en lettre aſſes groſſe, & lyſable.
      Qu'en dictes vous, Prince à touts equitable?
Cela me ſemble vng peu lourd, & groſsier:
Et fuſſe bien vng tour de Paſtiſsier,
Non pas de gens, qui taſchent de ſurprendre
Les Innocents, pour les bruſler, ou pendre.
      Ie leur demande icy, en demandant,
Pour me defendre, en mon droict defendant:
Euſſe ay-ie bien eſté ſi eſtourdy,
Si les fardeaulx, qu'orendroit ie te dy,
I'euſſe enuoyés à Paris ce grand lieu,
Que n'euſſe ſceu trop myeulx iouer mon ieu,
Que de marcquer au deſſus mon ſurnom
En groſſe lettre? A mon aduis, que non.
Trop fin ie ſuis, & trop fin on me tient,
Pour mon nom mettre en cela, qui contient
Quelcque reproche. Et pas ne le feroit,
Qui de cerueau vne bonne once auroit.
      Et d'aduentage: il eſt aſſes notoire,
Comme d'ung cas de recente memoire,
Que ie ne fais que de priſon ſaillir.
      Vouldrois-ie doncq' ou meſprendre, ou ſaillir
Si tres ſoubdain? Vouldrois-ie retourner
A faire cas, qui me feiſt enfourner
(Pour mon meſfaict) dedans la Tour quarrée,
Ou en vne aultre encores myeulx barrée?
      Si vng Lepurier a eſté eſchauldé,
Ou à grands coups de baſton pelaudé,

En faifant mal,il crainct bien de meffaire,
Pour ne tomber apres en telle affaire.
Et en cela n'y a rien que Nature,
Qui le corrige,& luy face ouuerture,
De reffentir,que du mal vient le mal.

     Et moy qui fuis raifonnable Animal,
N'ay-ie pas bien en moy la congnoiffance
D'euiter mal,pour n'entrer en fouffrance ?
Ayme-ie tant des prifons la langueur,
Ou nul efprit ne demeure en vigueur ?
Ayme-ie tant tomber entre les mains
De ces maftins Concierges inhumains ?
Ayme-ie tant(helas)vfer ma vie
Comme vne befte à touts maulx afferuie ?
Ayme-ie tant à l'appetit d'ung rien
Si follement ruiner tout mon bien ?
Ce font abuz,ou vng Afne mordroit.

     Or debattons leur indice,& mon droict.
Que difent ilz ? C'eft D O L E T pour certain,
Qui a tranfmis à Paris ce butin :
Car il ya de fes liures grand nombre.

     Eft ce là tout? N'auez vous point d'aultre vmbre,
Pour colorer voftre maligne entente ?
Refpondez moy. N'ay-ie oncques mys en vente
Des liures telz,qu'a ce coup feulement ?

     Cela eft faulx. Car i'ay publicquement
Depuis fix ans faict trein de Librairie,
Mettant dehors de mon Imprimerie
Liures noueaulx,Liures vieilz,& antiques :
Et pour les vendre,ay fuiuy les trafficques

                            D'ung

D'vng vray marchand, en vendant à chascun :
Tant, que souuent ne m'en demeuroit vng.
Faisant cela, chascun s'en est fourny :
Et moy i'en suys demeuré desgarny.

     Qui garde doncq, que quelcque aultre marchand,
Faisant ce trein, & son profict chercheant :
Ou bien plus tost, quelcque Enuieux maling,
Voulant sur moy desgorger son venin,
N'ayt peu dresser ces deux balles icy,
Dont, sans raison, on me mect en soucy ?
Et, qui plus est, la lettre de voicture
Faict elle foy, que c'est mon escripture ?
Ie sçay, que non. Qui est doncques la cause,
Qui cest esclandre, & ce trouble me cause ?

     Ie n'en sçay point, & point n'en ay commise.
Sinon que c'est malheur, qui à sa guise
Me va vexant, & m'a ia vexé tant,
Que de mes maulx deburoit estre content.

     Pour ces fardeaulx, les Seigneurs de Paris
Fort courroucés contre moy, & marrys,
Sans aultre esgard, despeschent vne lettre,
Pour en prison soubdain me faire mettre.
Ce qui fut faict : & en prison fus mys.

     O quel plaisir eusrent mes ennemys !
Aultant pour vray, que i'eus de desplaisir,
Quand on me vint au corps ainsi saisir :
Car à cela allors point ne pensoys,
Et de crier, le Roy boyt, m'aduançoys.

     Brief : ie fus prins, & en prison serré :
Non toutesfoys aultrement resserré.

                                  Ie

Ie voys, ie viens ça, & là tout penſif,
Ronflant de dueil, comme vng Cheual poulſif:
Et me deſpite en moy meſme trop plus,
Que quand ie fus à l'aultre foys reclus
Tant aux priſons de Paris, qu'a Lyon.
Car i'ignoroys allors vng million
De bien bons tours, qu'on apprend en peu d'heure,
Si aux priſons quelcque temps on demeure.

     Mon naturel eſt, d'apprendre touſiours:
Mais ſi ce vient, que ie paſſe aulcuns iours,
Sans rien apprendre en quelcque lieu, ou place,
Incontinent il fault que ie deſplace.

     Cela fut cauſe (à la verité dire)
Que ie cherchay (treſdebonnaire Syre)
Quelcque moyen de toſt gaigner le hault.
Puis aux priſons ne faiſoit pas trop chault:
Et me morfondre en ce lieu ie craignois
En peu de temps, ſi le hault ne gaignois.

     De le gaigner prins reſolution,
Et auec art, & bonne fiction
Ie preſchay tant le Concierge (bon homme)
Qu'il fut conclud (pour le vous dire en ſomme)
Qu'vng beau matin yrions en ma maiſon,
Pour du mulcat (qui eſtoit en ſaiſon)
Boyre à plein fonds: & prendre aulcuns papiers,
Et recepuoir auſſi quelcques deniers,
Qu'on me debuoit : mais que rendre on vouloit
Entre les mains de Monſieur, s'il alloit
A la maiſon : & non point aultrement.

     Ce qu'on faiſoit, pour agenſillement

De

De mon emprinse ; & pour myeulx esmouuoit
Le bon Concierge à faire son debuoir.
Et sur cela D I E V sçait si ie me fains
De requerir auec serments maincts
Ledict Seigneur, à ce, qu'il ne retarde,
Que puisse auoir les deniers, qu'on me garde.
      Cela promis, le lendemain fut faict :
Et des le seoir feist venir (en effect)
Quelcques Sergents, qui auec nous soupparent,
Et le matin aux prisons se trouuarent.
      Pensez, comment ie dormy ceste nuict,
Et quel repos i'auois, ou quel deduict !
      L'heure venue au matin sur la brune,
Tout droictement au coucher de la Lune :
Nous nous partons, cheminants deux à deux :
Et quant à moy, i'estois au millieu d'eulx,
Comme vne espouse, oubien comme vng espoux,
Contrefaisant le marmiteux, le doulx,
Doulx comme vng Chien couchant, ou vng Renard,
Qui iecte l'œil çà, & là à lescart,
Pour se sauluer des Mastins, qui le suyuent,
Et, pour le rendre à la mort, le poursuyuent.
      Nous passons l'eaue, & venons à la porte
De ma maison : laquelle se rapporte
Dessus la Saosne. Et là venuz que fusmes,
Incontinent vng Truchement nous eusmes
Instruict de tout, & faict au badinage :
Lequel, sans feu, sans tenir grand langage,
Ouure la porte, & la ferme soubdain,
Comme remply de courroux, & desdaing.

                               Lors

Lors ſur cela i'aduance vng peu le pas :
Et les Sergents, qui ne congnoiſſent pas
L'eſtre du lieu, ſuyuent le myeulx, qu'ilz peuuent :
Mais en allant, vne grand' porte ilz treuuent
Deuant le nez, qui leur cloſt le paſſage.
Ainſi laiſſay mes Roſſignolz en cage,
Pour les tenir vng peu de temps en mue.

Et lors Dieu ſçait, ſi les piedz ie remue
Pour me ſauluer. Oncques Cerf n'y feit œuure,
Quand il aduient, qu'vng Lymier le deſcœuure.
Ny oncques Lieure en campaigne elancé
N'a myeulx ſes pieds à la courſe auancé.

Mais quoy ? doibt on pour ce me donner blaſme?
Ay-ie forfaict ? ay-ie faict tour infame ?
Vng Cordelier (homme de conſcience)
Le feroit bien, s'il auoit la ſcience.
Les animaulx, & les oyſeaulx des champs,
Quand ilz ſont prins, ne ſont rien recherchants,
Que liberté. Suys-ie aultre, qu'vne beſte,
Ou vng oyſeau, qui ſe rompt corps, & teſte,
Pour ſe trouuer hors de captiuité ?

Venons au poinct. Ce, qui m'a incité
De me tirer hors des mains de Iuſtice,
N'eſt point, que ſente en moy forfaict, ou vice.
Ie n'ay rien faict, quant à ce, qu'on m'accuſe.

Mais ie ſçay trop, comme en Iuſtice on vſe
De mille tours, que ie crains, & redoubte.

Ie ſçay, comment le bon droict on reboutte
D'vng criminel : & comment on le traicte,
Si (tant ſoit peu) quelqu'vng ſa mort affecte,

                                        Qui

Qui ayt credit,& pouuoir suffisant
Pour le fascher,& l'aller destruisant
En biens,ou corps. Car s'il ne peult venir
Iusques à là,qu'il luy face finir
La vie : allors il trouue la cautelle
De luy causer prison perpetuelle :
Ou pour le moyns de si longue durée,
Que myeulx vauldroit,que sa mort eust iurée.

    Car la prison est espece de mort :
Ains plus que mort,quand il vient au remort
A vng esprit de nature gentille,
Qu'il fault,que là il demeure inutille,
Et qu'en langueur il passe ainsi sa vie,
A l'appetit d'une meschante enuye.
O quel regret,quel despit,quelle rage
Il vient au cueur d'ung gentil personnage,
Quand il se voit sans cause ainsi vexé,
Et de tous maulx sans forfaict oppressé !

    Quant est de moy,ie sçay,que vault cela.
Sçauoir le doibs : on ne le me cela,
Lors,que i'estois entre les mains des hommes.

    Et sur mon doz on eust mys plus grands sommes,
Et plus lourds faix de toute aduersité,
Si ta clemence,& grande humanité
N'y eust prouueu. Dont ie te remercye :
Et l'Eternel humblement ie supplie,
Qu'il te maintienne en santé longuement,
En accroyssant la F R A N C E tellement,
Qu'aultre,que toy,n'y ayt Roy en ce monde,
Comme vray Roy de la machine ronde,

                            Pour

Pour les vertuz, qui en toy estincellent
Trop plus, qu'en aultre, & qui sur touts excellent.
   I'ay dict mon grief : venir fault au remede.
Il n'est nul mal, qui le remede excede,
Sinon la mort. Or quel remede doncq'
A ce forfaict, que ie ne commis oncq' ?
   Le remede est (s'il vous plaist y entendre)
Que vous faciez expressément defendre
Au Parlement de Paris, qu'il desiste
De me poursuyure, & contre moy n'insiste :
En declairant, que retenez à vous
Toute ma cause : & qu'inhibez à touts
La congnoissance (entre aultres) de mon cas.
   Lors sans babil, & sans grand altercas
Ie vous diray la verité du faict :
Et i'ay espoir, que ce sera tost faict.
Car si au monde il est vng iuste Iuge,
Ie vous tiens tel, & pour tel on vous iuge :
Et quant à moy, du faict suis innocent.
Or vng bon Iuge à l'innocent consent,
Que de iustice il sorte nect, & quicte,
Et contre luy ne s'altere, ou irrite.
   Si ce moyen assés bon ne vous semble,
Ie suis d'aduis, qu'en vng bloc on assemble
Tout ce, qu'on dict, que i'ay faict, & commys
Touchant la foy : & que le tout remys,
Et aboly iusque à heure presente,
Par cy apres contre moy on n'intente
Chose, qui soit : sinon que de rechef
Touchant cela feisse quelcque meschef.

             Quant

Quant à la foy, on ne m'accuse point
Pour ceste foys, que ie tienne vng seul poinct
D'opinion erronée, ou mauluaise.

Mais quelcques gens ne sont point à leur aise,
De ce, que vends, & imprime sans crainte
Liures plusieurs de l'escripture Saincte.

Voyla le mal, dont si fort ilz se deulent:
Voyla, pourquoy vng si grand mal me veulent:
Voyla, pourquoy ie leur suis odieux:
Voyla, pourquoy ont iuré leurs grands dieux,
Que i'en mourray, si de propos ne change.
N'est ce pas là vne rancune estrange?

Et toutesfoys rien n'est, que ie ne face,
Pour d'ung chascun auoir la bonne grace.
Car ie ne veulx pour le peuple mourir,
Ny aultre mal(si ie puis)encourir.

Viure ie veulx, non point comme vng pourceau,
Subiect au vin, & au friand mourceau:
Viure ie veulx pour l'honneur de la FRANCE,
Que ie pretends(si ma mort on n'auance)
Tant celebrer, tant orner par escripts,
Que l'Estrangier n'aura plus à mespris
Le nom Françoys : & bien moins nostre langue,
Laquelle on tient pauure en toute harengue.

Quant au surplus, ie m'en deporteray
Et ton vouloir en tout ie parferay:
Car s'il te plaist me defendre tout court,
Que veu le bruict, qui par tout de moy court,
Ie n'aye plus à Liures imprimer
De l'Escripture : ou me puisse opprimer,

B   Si

Si de ma vie il en fort vng de moy.
Et fi i'en vends, tomber puiſſe en eſmoy
De mort villaine ou de flamme, ou de corde.
Et de bon cueur à cela ie m'accorde.

     C'eſt aſſes dict : ie ſuis trop long du tiers.
Ie reuiens doncq' à cela, que ie quiers.

     Fais (ie te pry) Prince plein de doulceur,
Prince diuin, des Lettrés deſenſeur,
Fais, que ie ſoys par ton vouloir abſouls :
Et tu voirras, ſi bien toſt me reſouls
Dedans Lyon faire ma reſidence,
Pour myeulx poulſer, que deuant, l'Eloquence
Tant en Latin, qu'en François : que myeulx i'ayme:
Et que ie veulx mettre en degré extreme
Par mes labeurs : ſoit, comme traducteur,
Ou comme d'œuure (à moy propre) inuenteur.

     Permettras tu, que ceſte voulunté
Ne ſorte effect par moy ia attenté ?
Permettras tu, que ce courage honneſte
Ne face vng fruict de ſi grande requeſte ?
Permettras tu, que ce deſir louable
Ne mette à fin ſon effort proffittable ?
Permettras tu, que par gens vicieux,
Par leur effort laſche, & pernicieux,
Les gens de bien, & les gens de ſçauoir,
Au lieu d'honneur, viennent à recepuoir
Maulx infiniz, & oultrages enormes ?

     Il n'eſt pas temps ores, que tu t'endormes,
Roy nompareil, des vertueux le pere.
Entends tu point au vray, quel vitupere

Ces ennemys de vertu te pourchassent,
Quand les sçauants de ton Royaulme ilz chassent,
Ou les chasser à tout le moins pretendent?
     Certes (grand Roy) ces malheureux entédent
D'anichiler deuant ta propre face,
Et toy viuant, la bienheureuse race
Des vertueux, des lettres, & lettrés,
Qui soubs ton Regne en France sont entrés:
Si ta prudence à ce ne remedie.
Tu le voys bien: point ne fault que le dye.
     Mais seulement pour ma derniere clause
Ie te priray, que comme ie propose
Par cy apres viure sans forfaicture,
Mais en vertu, & en toute droicture,
Passant mes ans en l'augmentation
Du bien public, & decoration
De nostre Langue, encores mal ornée:
D'aussi bon cueur ta Maiesté sacrée
Me vueille oster de la peine, ou ie suis,
Et m'octroier le retour, que poursuis:
Car viure ailleurs, qu'en France, ie n'espere,
Et la requiers pour mon dernier repaire.

                B 2   **Au**

          F I N.

Au Roy mesmes.

Le pouuoir d'ung Prince est terrible,
Grand, infiny, presque increable:
Mais combien qu'il soit inuincible,
Il ne rend vng Roy tant louable,
Tant diuin, tant esmerueillable,
Que clemence, & humanité.
     Or fais doncq, que diuinité
Par clemence en toy ie congnoisse:
Fais, que ta haulte deité
Gueirisse mon extreme angoisse.

A TRESIL-
LVSTRE PRINCE,
MONSEIGNEVR LE
DVC D'ORLEANS.

HONTE i'aurois, & la
deburois auoir,
(Duc, protecteur de touts
gens de ſçauoir)
Si par ma faulte il eſtoit ad-
uenu,
Que maintenant ie fuſſe re-
uenu
A te prier par la lettre pre-
ſente,
Que ta faueur (dont chaſcun ſe contente)
Que ton ſupport (qui à nully n'eſt clos)
Me iettaſt hors du mal, ou ſuis enclos.
  Mais puis que c'eſt Fortune, qui m'en veult,
l'accours à toy, comme à celluy, qui peult
La repouſſer, & me rendre deliure
Des grands ennuys, que tant ſouuent me liure.
  L'ennuy que i'ay (helas pauure chetif)
C'eſt, que ie ſuis de la FRANCE fuitif
A tort, ſans cauſe, & ſans aulcun mesfaict.
  Et pour le myeulx, dire te veulx le faict,
Si à l'ouyr prends plaiſir d'aduenture.

     B 3   Sache

      Sache en briefs mots, Royalle geniture,
Que dans Paris depuis vng peu de temps
Ont esté prins (ainſi comme i'entends)
Certains fardeaulx de Liures defenduz,
Qui ont esté au Parlement renduz
Par vng, qui bien la trahiſon ſçauoit.
      Or entre yceulx des miens il y auoit
(I'entends des miens, de mon impreſsion)
Et pour cela on a preſumption,
Que ces fardeaulx ſont touts yenuz de moy.
      Voyla, pourquoy on me meſt en eſmoy:
Voyla, pourquoy Meſsieurs de Parlement
Ont à Lyon mandé ſubitement,
Que fuſſe prins : ce que ie fus pour vray.
      Mais de priſon bien toſt me deliuray :
Car ie n'y fus, que deux iours, & demy :
Et bien monſtray, que ne ſuis endormy,
Quand de trouuer la maniere ie taſche
De ſortir hors d'vng lieu, ou ie me faſche.
      Ce n'eſt pas tout, Prince doulx, & humain:
Puis que D I E V m'a voulu tenir la main
A me tirer hors de captiuité,
Ie vous requiers, que ſoyez incité
De faire tant vers le R O Y voſtre pere,
Qu'il me remette en mon premier repaire,
Veu, que d'offenſe il n'y en a aulcune:
Et que ce n'eſt que malheur, & fortune,
Enuye auſsy, qui ne ſe peult laſſer
De conſpirer contre moy, & braſſer
Mille tourments, mille aſſaults, & oultrages,

Mille defpens, mille coufts, & dommages.

    En efperant, que ce bien, me fairez,
Et que me mettre en feurté tafcherez,
Ie vous enuoye vng double de la lettre,
Que i'ay aufsi au Roy voulu tranfmettre.

    Là congnoiftrez de mon faict l'innocence,
Si de l'ouir auez la patience.
Ce que vous pry humblement, vouloir faire,
Affin que myeulx entendiez mon affaire,
Pour en parler au ROY plus feurement,
Et le prier affectueufement,
Que fon DOLET (fon DOLET ie me nomme:
Car fans luy feul, ie ne fuffe plus homme)
R'appeller vueille au doulx païs de France,
Et (pour toufiours) luy donner affeurance:
En bien viuant, fans forfaict, & fans vice,
Qui foit fubiect aux abboys de Iuftice.

    Cela faifant (& fans cela aufsi)
L'Omnipotent ie requerray icy,
Qu'aultant que fut Iules Cefar heureux,
Grand en confeil, en faicts cheualeureux,
Aultant, ou plus vous foyez fortuné,
Et quelcque iour, d'ung Empire eftreiné.

        C 4   Au

    F I N.

Au Duc d'O'rleans mefmes.

Le pere au filz rien ne refufe,
Si fa requefte n'eft iniufte:
Parquoy vous pouuez (fans excufe)
D'ung cueur magnanime, & robufte
Prier le Roy, de chofe iufte
En ma faueur : tant, qu'il luy plaife
Tirer l'innocent de malaife.
      Ie fuis feur, qu'il vous entendra
(Car la réquefte n'eft mauluaife)
Et ma liberté me rendra.

A MON-
SIEVR LE CAR-
DINAL DE LOR-
RAINE.

IE n'eſtois pas à grand' pei-
ne ſorty
Hors des priſons: pas n'e-
ſtoit amorty
Le feu de ioye entre mes
bons Amys,
De ce, que DIEV à la fin
m'auoit mys
En liberté par la bonté du
Roy,
Que tout ſoubdain vng nouueau deſarroy
Me vint troubler. De rechef ie fus prins
Sans nul forfaict, & ſans auoir meſprins,
Ne ſcay, pourquoy: ſinon que lon m'accuſe
(Mais faulſement, & par inique ruze)
Que dans Paris ay tranſmis quelcque balle
De Liures pleins d'erreur, & de ſcandale.
     Quand tout eſt dict: point ne ſe trouuera
(Qui de ce faict le certain cherchera)
Que ce ſoit moy, duquel vient ce forfaict.
     Et toutesfoys priſonnier i'en fus faict
Comme coulpable. Et de ce m'indignay

B ſ   Si

Si afprement,que le hault ie gaignay:
Tant que (D I EV grace)hors de prifon ie fuis.

    Et qu'eft ce doncq,qu'orendroit ie pourfuis?
C'eft,qu'il vous plaife au Roy bailler ma lettre,
Et le prier hors de peine me mettre,
Aboliffant mon emprifonnement
Faict fans raifon,& trop legierement.
Si que ne fois contrainct me deftourner:
Ains que ie puiffe à Lyon retourner
En ma maifon : & poulfer en auant
L'art literal,aufsi bien que deuant.

    Car mon retour ne quiers à aultre fin,
Que pour l'honneur des lettres:& affin,
Que le voüloir,que i'ay grand,& ardent
De confumer mon aage en eftendant
L'honneur de FR A N C E, & de fa langue aufsi,
Par mes labeurs,ne fe retarde,ainfi
Me dechaffant à grand tort,& fans caufe:
Car quant à moy,ie n'ay point faict la chofe,
Dont on me charge : & ne la vouldrois faire.

    N'efpargne doncq(Prince trefdebonnaire)
N'efpargne point ta faueur enuers moy,
Pour me tirer hors de peine,& d'efmoy.

    Si tu le fais,toufiours de plus en plus
Ie tafcheray,que tu ne fois forclus
Du loz diuin de la Pofterité,
Et que ton nom ayt immortalité.

    Et apres D I E V, & ce grand Roy de France,
De toy tiendray toute ma deliurance.

F I N.

AMADA-
ME LA DVCHES-
SE D'ESTEM-
PES.

'EST à ce coup, que For-
tune infensée,
A defcouuert la mefchante
pensée,
Que lafchement m'a gardé
iufque icy.
.   Bien me doubtois, qu'il
en feroit ainfi,
Quand prifonnier ie fus des
l'aultre foys,

Il peult auoir quelcques dixhuict moys.
Car ie fcay bien, que cefte faulfe Lyce
De fa nature eft pleine de malice:
Et fi vng coup elle a conceu rancune
Contre quelqu'ung, pas n'eft contente d'une
Aduerfité, ou de troys, ou de quattre,
Si l'Eternel ne luy vient à rabbatre
Sa grand' fureur, & oultrageux courage.
    Voyla, comment (dame prudente, & fage,
Dame addonnée à doulceur, & pitié)
Ce villain monftre ardent d'inimytié,
Et non content de mon premier mefchef,

M'a

M'a mys en trouble,& peine de rechef.

  Le meschef eſt,qu'en priſon on m'a mys
Sans nul forfaict,ſans rien auoïr commis:
Fors ſeulement,que par preſumption,
Ou(pour myeulx dire)à l'inſtigation
Des enuyeulx,contre moy on intente,
Que deux fardeaulx pleins de choſe meſchante
(Quant à la foy)ay tranſmis à Paris.

  Et de cela les Preſidents marris,
Sans nulle preuue,& ſans aulcun indice,
Ains ſeulement en rigueur de Iuſtice
Mandent tout chault en diligence bonne,
Que tout ſoubdain on happe ma perſonne,
Pour me mener captif par deuers eulx.

  Mais le tout bon,le Preſident des cieulx
N'a pas voulu me laiſſer au beſoing:
Et en prenant de tout mon mal le ſoing,
M'a faict la grace(ô bonté infinie!)
De ſortir hors de la grand' villennie,
Qu'on me braſſoit. Brief,captif ne ſuis plus.

  Puis qu'ainſi eſt,Dame: il reſte au ſurplus,
Que veu mon faict,& ma grande innocence,
Vous requeriez ce noble Roy de FRANCE
(Si tant vous plaiſt pour moy vous trauailler)
Que ſon plaiſir ſoit de me rebailler
En ſon Royaulme vne telle ſeurté,
Vng tel repos,& telle liberté,
Qu'ay touſiours heue : hors mys depuis qu'enuye
Ma liberté a vng peu aſſeruie.

  Mais tout cela ſe peult bien reparer,

Si vous voulez les moyens preparer,
Et faire tant,qu'ores on abolisse
Tout mon ennuy,& qu'on me restablisse
En mon entier : sans que plus on me fasche,
Si ie ne viens à faire chose lasche.

  Ce que n'ay faict,& feray encor moyns.
Mais D I E V me gard de ces meschants tesmoings.
  Or apres tout,pour resolution,
Ie vous supply,si oncq intention
Vous auez heu de me faire aulcun bien,
Qu'a ceste foys vous trouuiez le moyen
Enuers le R oy,que point il ne consente,
Que de la F R A N C E à tel tort ie m'absente.
  Pour bien le faire,il vous plaira de lire
Ce,qu'ay voulu au R oy mesmes escrire:
Car là voirrez le fonds de la matiere,
Et de mon faict la narratiue entiere.
Dont par apres ma lettre presentant,
Vous luy pourrez myeulx aller racomptant
Les griefs,& torts,que sans cause on me faict:
Et qu'a present ie n'ay en rien meffaict.
  A D I E V ma Dame,humblement requerant
Le Createur hault & bas moderant
Les faicts humains,& le pourpris celeste,
Que longuement en santé il vous preste
Heureuse vie,& d'honneur tant ornée,
Que Ciel,& Terre en demeure estonnée.

F I N.

A la deſſuſdicte Ducheſſe d'Eſtempes.

Dame, ſi vous ſuis importun,
Cela ne me part d'auarice:
Ie ne demande bien aulcun,
Office ſoit, ou benefice.
      Seulement vne heure propice
Ie vous pry de faire ſonner,
Ou il plaiſe au Roy me donner
En ſes païs liberté ſeure:
Car ie ne quiers aultre demeure,
Et m'eſt bien grief, quand i'en desloge.
      Helas, faictes ſonner telle heure,
Puis que vous gouuernez l'Horloge.

A LA SOV-
VERAINE, ET
VENERABLE COVRT
DV PARLEMENT
DE PARIS.

IE ne me plainds, qu'on m'u-
se de rigueur:
Car c'est raison, que Iustice
ayt vigueur,
Et qu'elle regne à la ville,
& aux champs
Egalement sur les bons, &
meschants,
Pourvng chascun tousiours
tenir en craincte
Par sa main forte, & redoubtable attaincte.
Las! ie me plainds de ma triste fortune,
Qui sans forfaict, & sans offense aulcune
Me precipite en trauaulx infiniz:
Tant que les vngs ne sont presques finiz,
Que tout soubdain en aultre ie tresbuche,
Et coup sur coup trouue nouuelle embusche
Par ce tyrant Malheur, qui prend plaisir
De me forger encombre, & desplaisir.
Mais ce n'est vous, à qui plaindre me doibs:
Ce n'est pas vous, qui par plainctitue voix

Vous

Vous vous laiſsiez endormir,ou ſurprendre.

    Il vault dōcq' mieulx mon droiɭ vous faire entēdre,
Et vous deduire icy par le menu,
Comme à grand tort m'eſt ce trouble aduenu.

    Dedans Paris(comme ſcauez trop mïeulx:
Et comme auſsi mes amys ſoucieux
De mon honneur m'ont eſcript par deça)
Ont eſté prins depuys deux moys en ça
Certains fardeaulx de Liures. Dont les vngs
Ne ſont que bons,approuūés,& communs
(Et ceulx là ſont,ainſi que lon m'aſſeure,
Marcqués de moy,& du lieu,ou demeure)
Les aultres ſont pleins de ſens heretique,
Et reprouués par ediɭ authentique.

    Or pour cela qu'ainſi eſtoyent meſlés,
Quelcques malings ſe ſont entremeſlés
De vous induire à croyre fermement,
Que c'eſtoit moy,qui veritablement
Auoys tranſmis à Paris ces fardeaulx.

    Mais ie demande à ces beaulx coquardeaulx,
Qui taſchent tant à me calumnier,
S'ilz me pourroyent en ceſt endroiɭ nyer,
Qu'aultre que moy ou marchant,ou meſchant
N'ayt peu dreſſer(pour m'aller empeſchant)
Ces deux fardeaulx : & ainſi les remplyr,
Pour ſon vouloir malheureux accomplyr.

    Suis ie tout ſeul,qui de mes Liures vende?
N'en a chaſcun,qui en veult,ou demande,
Pour ſon argent ? N'eſt ce doncq' belle prouue;
Que pour cela,que des Liures on trouue

                      Et

Et de Geneſue,& de DOLET enſemble,
A l'appetit des malings fault qu'il ſemble,
Que c'eſt DOLET, qui le tout ya mys,
Le tout dreſsé,& à Paris tranſmys?

    O quel abuz! y a il apparence,
Que de vray dol,que de tort,& greuance
Contre celluy,qui en eſt innocent,
Et qui chargé en cela ne ſe ſent?

    Plus: ie ſuis ſeur,que ſi on prend bien garde
(Qui eſt le poinƈt,ou le plus on regarde.
En tel affaire)au tillet de voiƈture,
On ne dira, que c'eſt mon eſcripture:
Pas ne dira auſsi le Voiƈturier
(Si veritable il eſt,& droiƈturier)
Qu'il ayt repceu de moy balle,ou ballette,
Dont à grand tort ſi treſmal on me traiƈte.

    Ce nonobſtant ie fus mys en priſon,
Comme ayant faiƈt quelcque grand' trahiſon,
Quelcque forfaiƈt enorme,& execrable,
Comme du cas conuaincu,& coulpable.

    Mais en priſon ie ne feis long ſeiour:
Car i'en ſortis des le troyſieſme iour,
Par le moyen de quelcque gentilleſſe:
Moyen de DIEV, qui les ſiens ne delaiſſe
A leur beſoing: & qui bien les deliure,
Quand à telz maulz contre droiƈt on les liure.

    Touchant cela,il va fort bien pour moy,
Puis que ie ſuys hors de captif eſmoy.
Reſte au ſurplus,que mon droiƈt entendu,
Droiƈt me ſoit faiƈt ſur mon tort pretendu:

                  C   Si

Si que par vous ma liberté perdue,
Par vous me soit semblablement rendue:
Recongnoissant, que par presumption
Vous m'auez mys en ceste affliction:
Et si elle est sans iuste fondement
(Ce que voyez à l'œil trop clairement)
Raison ne veult, ny aussi equité,
Que ie demeure en ceste aduersité,
Errant çà, là, sans oser seiourner
Dedans Lyon : ou ie veulx retourner,
Et consumer le reste de ma vie,
Maulgré aulcuns, & leur meschante enuye.
　　　Si à ce bien puis vng coup paruenir,
Ne craignez pas, que voyez aduenir,
Que de ma vie vng seul Liure i'imprime
De l'Escripture, ou aultre telle estime.
　　　I'en suys trop saoul, & trop saoul en doibs estre:
Veu, qu'il m'en vient à dextre, & à senestre
Malheur, ennuy, tout encombre, & dommage,
Et que i'en suys si souuent mys en cage.
　　　Bien est il vray, que ne suys le premier,
Qui les ay faictz.　Tel en est coustumier,
Et en imprime à Paris, & Lyon
Publicquement vng & vng million,
Qui pour cela n'est fasché, ne reprins.
　　　Seulet ie suys, à qui mal en est prins:
Seulet ie suys, qui en porte la peine:
Seulet ie suys, qui en ay male estreine.
　　　Or soit loué le SEIGNEVR DIEV de tout:
Grace me face ores, que soys au bout

De

De tant de maulx contre moy ſi preſſifs,
De tant d'ennuys ſi griefs, & exceſſifs.

Et vous, Seigneurs, n'uſez de violence
Contre mon droi& & ma grande innocence :
Puis que ie n'ay offenſé, ny mesfai&,
Faictes, que rien contre moy ne ſoyt fai&.

Si ne vouloys en France bien verſer,
Pas ne querroys ſi fort y conuerſer :
Et ſi ı'eſtoys de la France party,
Ie trouueroys ailleurs aſſez party,
Ou ie pourroys viure en grand' Liberté,
Et à iamais auoir bonne ſeurté :
Mais il m'eſt dur (quand à ce bien ie penſe)
De renoncer mon païs, ſans offenſe.

Marry ſerois, que le vouloir, que ı'ay
(Si par rudeſſe à la fin n'eſt changé)
De trauailler pour l'honneur des François
(Et ceſt effort grandement ı'auançois,
Quand ce malheur prochainement m'aduint)
A quelcque frui&, & effe& ne paruint.

N'empeſchez doncq' ceſt effort glorieux :
Si ie ne ſuys en rien pernicieux,
Laiſſez moy viure en ſeurté, & repos.

Diſons vng peu (puis qu'il vient à propos)
Que me veult on ? ſuys-ie vng Diable cornu ?
Suys-ie pour Traiſtre, ou Bouteſeu tenu ?
Suys-ie vng Larron ? vng Guetteur de chemin ?
Suys-ie vng Volleur ? vng Meurtrier inhumain ?
Vng Ruffien ? vng Paillard diſſolu ?
Vng Affronteur ? vng Pipeur reſolu ?

C 2   Suys-ie

Suys-ie mutin ? fuys-ie en rien oultrageux ?
Suys-ie à quelcqu'ung nuyfible, ou dommageux ?
Dys-ie de DIEV quelcque cas mal fonnant ?
Vois-ie l'honneur de mon Roy blazonnant ?
Suys-ie vng Loup gris ? fuys-ie vng monftre fur terre,
Pour me liurer vne fi dure guerre ?
Suys-ie endurcy en quelcque mefchant vice,
Pour me trainer fi fouuent en Iuftice ?
　　　　Ignorez vous, que maincte Nation
N'ayt de cecy grande admiration ?
Car chafcun fçait la peine, que i'ay prinfe
Et iour, & nuict fur la noble entreprinfe
De mon eftude : & comme ie polys
Par mes efcripts le renom des troys Lys,
Et toutesfoys de toute mon eftude
Ie n'ay loyer, que toute ingratitude.
　　　　Si vng trompeur, vng affronteur infigne,
Vng grand caufeur, vng faifant bonne mine
S'en vient en FRANCE, & fe meet à promectre
Cas merueilleux fur le faict de la lettre,
Ou de la guerre : il eft tout affeuré,
Qu'il n'aura pas en FRANCE demeuré
Vng an fans plus, qu'il n'ayt des benefices,
Tant, qu'il vouldra : ou quelcques grands offices
De touts ceulx là, qu'ilz aura frequentés :
Si qu'on diroit, qu'il les a enchantés.
　　　　Et moy chetif, qui iour, & nuict me tue
De trauailler : & qui tant m'efuertue
Pour compofer quelcque ouuraige excellent,
Qui puiffe aller la gloire reuelant

D»

Du nom Françoys en tout cartier, & place,
On ne me faict seullement tant de grace,
Qu'en bien versant, en repos puisse viure,
Et mon estude en liberté poursuyure.

D'ou vient cela? c'est vng cas bien estrange,
Ou lon ne peult acquerir grand' louange,
Quand on m'aura ou bruslé, ou pendu,
Mis sur la roüe, & en cartiers fendu,
Qu'en sera il? ce sera vng corps mort.

Las toutesfois n'auroit on nul remord
De faire ainsi mourir cruellement
Vng, qui en rien n'a forfaict nullement?

Vng homme est il de valeur si petite?
Est-ce vne mouche? ou vng vermis, qui merite
Sans nul esgard si tost estre destruict?
Vng homme est il si tost faict, & instruict,
Si tost muny de science, & vertu,
Pour estre ainsi qu'une paille, ou festu,
Anichilé? faict on si peu de compte
D'ung noble esprit, qui mainct aultre surmonte?

Ie dy cecy, Seigneurs doulx, & clements,
Pour ce que sçay, que n'estes vehements
Oultre mesure à submettre à la mort
Vng criminel, bien qu'il soyt chargé fort.

Et si le dy sans flater, ou mentir,
Comme celluy, qui le peus bien sentir,
Lors que i'estoys en la Conciergerye
Chargé à tort de maincte resuerie.

Tant, que sans craindre (& de cela i'atteste
L'Omnipotent) vne longueur moleste

C 3   DE

De la prison, bien euſſe eſté content
Aller vers vous, mon bon droict racomptant.

      Mais en cela rien n'y a de perdu.
Ie n'ay le ſens ſi tresfort eſperdu,
Que par eſcript ne vous puiſſe mander
Toute reſponſe à ce, que demander
Vous m'euſſiez peu.   Or prenez doncq' le cas,
Que ſans y eſtre, & ſans nulz Aduocats,
Vous aye au long remonſtré ma defenſe.

      Que fault il plus, ſi non vne ſentence,
Vng bon Arreſt, qui en ſens brief, & court
Dira, comment la venerable Court
Du Parlement de Paris me remect
En mon entier : & qu'au neant el' mect
Du tout, en tout mon empriſonnement,
Sans que iamais bruict en ſoy aultrement?

      Cela faiſant, Iuſtice vous fairez,
Et d'equité grande vous vſerez,
En releuant l'Innocent de malheur,
Qui ne taira iamais voſtre valleur.

AVX

F I N.

AVX CHEFS
DE LA IVSTICE
DE LYON: TANT
en l'Ordinaire, qu'en la
Seneschaulsé.

ONTENT ne ſuis de
m'eſtre defendu
Enuers le Roy, du forfaict
pretendu
Prochainemét contre moy
à grand tort.
Deſir me prend aul
tant grand, ou plus fort
De me purger enuers vous
de l'offenſe,

Qu'on me meſt ſus. Et pource, que ie penſe,
Que vous croyez, que pour vray ſuis coulpable,
Veu, qu'ay cherché le moyen conuenable
Pour ſortir hors de priſon caultement,
Prouuer vous veulx, qu'il eſt tout aultrement,
Si à ma preuue adiouſter voulez foy,
Sans vous monſtrer trop bendés contre moy.
Le cas eſt tel (ſi bien ne le ſçauez:
Ou ſi au vray entendu ne l'auez)
Dedans Paris des Liures on a prins:
Les vngs repceuz, & les aultres reprins

C 4   De

De ceste erreur, qu'heretique lon nomme.

      Or entre yceulx (comme lon dict en somme)
Il s'en trouua de mon impression
Bons, & permis. Mais leur presumption
Est, que le tout i'ay à Paris transmis.

      Et pour cela, en prison ie fus mis
(Comme sçauez) vng peu à la legiere,
Sans bon indice, & sans preuue pleiniere.
Qui est vng cas en rigueur excessif.

      Quoy qu'il en soit, pour cela fus captif:
Bien qu'il n'y ayt sur moy aulcune prouue.
Car le tout quis, & cherché, on ne trouue,
Que i'aye escript la lettre de voicture :
Et le Chartier ne dira par droicture,
Qu'aulcune balle il ayt de moy repceüe.

      Si doncq' par haine, & mauluaistié conceüe,
Quelqu'ung a faict ce cas ord, & meschant,
Est ce raison, qu'on m'en aille empeschant ?

      Quant à cela, bien me iustifiray :
Et ay espoir, que tost ie prouueray,
Que ce n'est moy, dont prouient ce forfaict:
Et que pour rien ne vouldrois l'auoir faict.

      Mais toutesfoys (à dire verité)
I'ayme trop myeulx hors de captiuité
(Et de cela ne vous vueille desplaire)
Qu'en la prison pourchasser mon affaire.

      Car en prison plus qu'ailes i'ay esté:
I'y ay passé vng hyuer, & esté.
De mon malheur on se doibt contenter.
Et si le hault i'ay prins, pour m'esuenter

                    Quelcques

Quelcque petit : ie dy en cest endroit,
Que trop rude est, qui blasmer m'en vouldroit.
Il fasche, en fin, tant souuent retourner
En vne place, ou trop y seiourner.

     Mais ce n'est pas, pourquoy ie vous escris:
Ce n'est, pourquoy la plume ores i'ay pris
Pour composer ceste presente lettre,
Et deuers vous par apres la transmettre.

     Le principal de mon intention
Est, vous prier d'ardente affection,
Et humblement, tant que faire le puis,
Que si en rien odieux ie vous suis,
Vous vueilliez mettre en oubly toute hayne,
Et n'aggrauer mon malheur, & ma peine:
Ains mon bon droict entre vous soustenir:
Tant, que si doibs à Lyon reuenir,
(Ce, que i'espere, & le pourchasse aussi)
En bien versant, sans aulcun mauluais si,
Vous me vueilliez doulcement comporter,
Et bon amour deshormais me porter.

     Car Lyon est, ou i'ay le plus d'enuie
De resider, & consumer ma vie,
Pour la beaulté, & la grande excellence
De son pourpris, le plus beau de la France.

     Et point ne croy luy faire deshonneur,
Quand ie desire en repos, & bon heur
Y demeurer, bien viuant, & sans blasme,
Sans faire mal, sans faire cas infame.

     Or on sçait bien, & bien sçauoir se peult,
Que la raison, dont de moy on se deult,

              C 5   Et dont

Et dont ie suis poursuiuy par Iustice,
N'est pour forfaict, & aulcun meschant vice,
Auquel ie sois par trop abandonné.

    C'est seulement, que me suis addonné
(Sans mal penser) depuis vng temps certain,
De mettre en vente en François, & Latin
Quelcques Liurets de la saincte Escripture.

    Voyla mon mal, voyla ma forfaicture,
Si forfaicture on la doibt appeller.

    Mais si au Roy il plaist me rappeller,
Et faire tant, que de ce malheur sorte,
Ie suis content, que le Diable m'emporte,
Ou qu'on me brusle, ou qu'on me face pendre,
Si pour tel cas iamais tombe en esclandre.

    La grace à DIEV, i'ay prou d'aultres moyens,
Pour m'enrichir, & amasser des biens,
Sans craindre plus la Iustice, & sa patte,
Qui de si pres me poursuict, & me matte.

    En renonçant aux liures dessusdicts,
Plus ne craindray les Enuyeulx mauldicts :
Et si viuray entre les myens content,
En composant, ou bien en translatant
Liures plusieurs, ou lon prendra plaisir,
Sans qu'il m'en vienne encombre, ou desplaisir.

    A tant fais fin, priant le Roy des cieulx,
Qu'il vous maintienne en ces terrestres lieux,
Vous departant longue vie en santé,
Honneur, & loz, & touts biens à planté.

                 F I N.

A LA ROY-
NE DE NAVARRE,
LA SEVLE MINERVE
DE FRANCE.

E reconfort, que noz peres
  antiques
Auoient iadis aux gouffres
  Plutoniques,
C'eftoit, que quand le Mef-
  fias viendroit
En ces bas lieux , tout bien
  leur aduiendroit,
Et que bien toft fortiroient
  de fouffrance.
  Pareillement ma totale efperance
A efté telle en ce mien accident,
Que reconfort i'auroys tout euident
(Quoy reconfort?)mais pleine deliurance
De mon malheur,fi tu venois en FRANCE.
    Or y es tu auecques ce grand Roy
(Le Roy ton frere)en beau, & noble arroy:
Non fans grand' ioye,& grand contentement
De tout efprit,& bon entendement:
Car ie fuis feur,que toute ame bien née
Languiffoit fort,te voyant efloignée
De ce Royaulme,ou tant bien tu conuiens.

                                    Mais

Mais au propos de mon faict ie reuiens.
C'eſt toy, en qui mon eſpoir total giſt,
Apres celluy, qui les haults Cieulx regiſt:
C'eſt toy, par qui liberté puis auoir:
C'eſt toy, ſans qui ne la puis recepuoir:
C'eſt toy pour vray, qui touſiours as taſché,
Que nul ne fuſt contre le droict faſché.
Seray-ie doncq'de ta bonté forclus?
Seray-ie ſeul de ta faueur exclus?

Pas ne le croy, & pas il n'aduiendra:
Car certain ſuis, qu'a toy il ne tiendra,
Que liberté ne me ſoit toſt rendue,
Veu, que ſans crime, & forfaict l'ay perdue.

Doncques ſuyuant ta bonté ſinguliere,
Il te plaira au Roy faire priere,
Qu'en mon eſtat premier il me remette,
Et de la peine, ou ie ſuis, il me iette.

Ce qu'il faira, ſi vng coup l'en requiers,
Comme d'ung cas, que de tout ton cueur quiers.
Car eſt il rien, tant ſoit grand, ou exquis,
Que ſi le veulx, & qu'il en ſoit requis,
Il ne t'accorde auſsi ioyeuſement,
Que l'en prieras affectueuſement?

F I N.

A MONSEI-
GNEVR LE RE-
VERENDISSIME
CARDINAL DE
TOVRNON.

I L me souuient (& m'en
doibt souuenir,
Si trop ingrat ie ne veulx
deuenir)
Comme à Moulins (sept
ans a, ce me semble)
Par grand' amour, & par
faueur ensemble
Sans long delay vous me
feistes ce bien
De trouuer l'heure opportune, & moyen
Pour presenter mes deux Tomes au Roy,
Luy disant lors trop plus de bien de moy,
Qu'il n'y auoit, & n'y a, & n'y fut.
Mais c'est faueur, qui passe ainsi le but
De verité, quand elle veult entendre
Au bien d'aulcun, & sa louange estendre.
   Or ou est elle, ou est ceste faueur,
Que me portiez, pour vng goust, & saueur
Qu'auiez trouuée en ce peu de sçauoir,
Qu'il auoit pleu à DIEV me faire auoir?

Plus

Plus n'apparoiſt.Non que l'ays merité:
Mail il n'eſt nul,qui ne ſoit incité
A ſe changer,& muer de courage,
Si foy adiouſte à quelcque faulx langage.

Et quant à moy,ie penſe fermement,
Que ne vous ſuis odieux aultrement,
Sinon qu'aulcuns pleins de ſens frenetique,
Contre vertu ayants touſiours la picque,
Vous ont remply(en mentant)les oreilles
De pluſieurs cas,& de grandes merueilles
Touchant mon faiᴄt.　Mais pas ne les croirez,
Et ma reſponſe à cela vous oyrrez.

Ma reſponſe eſt,pour le vous dire au vray,
Que i'ay veſcu iuſque icy,& viuray
Comme Chreſtien,catholique,& fidelle,
Quoy que la langue enflammée,& mezelle,
D'aulcuns meſchants,& enuieux mauldiᴄts
Me mette ſus par ſes villains meſdiᴄts.

Fauteur ne ſuis d'Hereſie,ou erreur:
Liures mauluais i'ay en hayne,& horreur:
Et ne vouldrois ou vendre,ou imprimer
Vng ſeul fueillet pour la loy deprimer
Antique,& bonne : ou pour eſtre inuenteur
De ſens peruers,& contre DIEV menteur,

Si tel ie ſuis(comme ſuis pour certain)
Croyre ne puis,que voſtre cueur haultain
(Veu le vouloir,que vous m'auez porté)
Soit par menteurs ſi tres fort tranſporté,
Que me laiſsiez en la peine,ou ie ſuis,
Sans m'auancer en cela,que pourſuis.

Ce,

Ce,que pourſuis,bien l'auez entendu.
C'eſt,que vouldrois le fruict m'eſtre rendu
De liberté. En cela vous ſçauez,
Que grand' puiſſance,& moyen vous auez,
Si ſeulement il vous plaiſoit en dire
Vng petit mot au grand Roy noſtre Syre:
Enuers lequel vous auez tel credit,
Que de cela vous ne ſerez deſdict.

Or faictes doncq,Prelat plein de prudence,
Que ſans forfaict ie ne parte de FRANCE:
Ains que ie ſois au païs retenu,
L'honneur duquel i'ay touſiours maintenù.

Cela faiſant,vous fairez vng bien tel,
Qu'a tout iamais vous rendra immortel,
Teſtifiant voſtre bonté diuine,
Propice à touts,& à nul mal encline.

FIN.

A ſes Amys.

On cueur,bon cueur: c'eſt à ce coup,
Que Fortune a faict ſon effort,
Pour me dreſſer du mal beaulcoup:
Mais touſiours ie ſuis le plus fort.
Car combien qu'elle taſche fort
De ruiner ce peu de bien,
Que i'auois quis par bon moyen:
Toutesfoys l'eſprit me demeure.

Parquoy

Parquoy oster ne me peult rien,
Que ne recouure en bien peu d'heure.
C'est asses, que l'esprit s'asseure,
Et qu'il ne perd point sa constance :
Victeur sera (c'est chose seure)
De ce monstre aspre à toute oultrance.
O que Vertu a de puissance !
O que Fortune est imbecille !
O comme Vertu la mutille,
Quand elle prend le frein aux dents !
Vertu n'est iamais inutille :
Les effects en sont euidents.
Ne plaignez doncq' mes accidents,
Amys : doulcement ie les porte,
Et me ry de ces incidents :
Car Vertu tousiours me conforte.
Tant, que i'espere faire en sorte,
Que Fortune à moy attachée,
La premiere en sera faschée :
Et que du mal, bien me viendra.
Ce ne sera chose cachée :
Ie suis certain, qu'il aduiendra.

FIN
DE L'ENFER.

Epistre de Cle-
MENT MAROT,
enuoyée à Monseigneur
le Daulphin.

*

E N mon viuant, n'apres ma
mort auec,
Prince Royal, ie ne tournay
le bec
Pour vous prier: or diuinez,
qui est-ce,
Qui maintenant en prend
la hardiesse?
Marot banny, Marot mis
en recquoy.
C'est luy, sans aultre: & sçauez vous pourquoy,
Ce, qu'il demande, il a voulu escripre?
C'est pour autant qu'il ne l'ose aller dire:
Voyla le poinct, il ne fault pas mentir,
Que l'aer de FRANCE il n'ose aller sentir.
Mais s'il auoit sa demande impetrée:
Iambe, ne teste il n'a si empetrée,
Qu'il n'y volast. En vous parlant ainsi,
Plusieurs diront que ie m'ennuye icy.

D   Mais

Mais(Monseigneur)ce,que demander i'ose,
De quatre partz n'est pas si grande chose.
Ce,que ie quiers,& que de vous espere,
C'est qu'il vous plaise au Roy vostre cher pere
Parler pour moy si bien,qu'il soit induict
A me donner le petit saufconduict
De demy an,que la bride me lasche,
Ou de six moys,si demy an luy fasche.
Et non point pour ce,visiter mes Chasteaulx:
Mais bien pour veoir mes petits Maroteaulx,
Et donner ordre à vng fais qui me poise:
Aussi,a fin que dire à Dieu ie voise
A mes amys,& mes compaignons vieulx.
Car vous sçauez,si fay-ie encore mieulx,
Que la poursuyte & fureur de l'affaire,
Ne me donna iamais temps de ce faire.
Aussi,à fin qu'encor vng coup i'accolle
La court du Roy,ma maistresse d'escolle.
S'y puis aller,mille bonnetz ostez,
Mille bons iours viendront de tous costez,
Tant de Dieu gardz,tant qui m'embrasseront,
Tant de salutz,qui d'or point ne seront.
Puis ce dira quelque langue friande,
Et puis,Marot,est-ce vne grand' viande,
Qu'estre de FRANCE estrange & banny?
Par Dieu,Monsieur,ce diray-ie,nenny.
Lors que de cheres & de grandz accollées
Prendray les bondz,laisseray les vollées.
A Dieu,Messieurs,a Dieu donc mon mignon.

Et

Et cela faict, veoirrez le compaignon
Toſt deſloger : car mon terme eſt failly.
Ie ne craindrois ſinon d'eſtre aſſailly
Et empaulmé : Mais ſi le Roy vouloit
Me retirer, ainſi comme il ſouloit :
Ie ne dy pas, qu'en gré ie ne le prinſſe :
Car vng vaſſal eſt ſubiect à ſon Prince.
Il le feroit, s'il ſçauoit bien comment
Depuis vng peu, ie parle ſobrement.
Car ces coquardz, auec qui ie chemine,
M'ont fort aprins à faire bonne mine,
A vng mot ſeul, ſans par trop deuiſer,
A parler peu, & à temporiſer.
Deſſus vng mot vne heure ie m'arreſte :
S'on parle à moy, ie reſpondz de la teſte.
Donc ie vous pry, mon ſaufconduict ayons,
Et de cela plus ne nous eſmayons :
Aſſez aurons eſpace d'en parler,
Si vne fois vers vous ie puis aller,
En honorant royalle geniture.
Ce, que ie quiers, n'eſt riens qu'vne eſcripture
Que chaſcun iour on baille aux ennemys :
On le peult bien ottroyer aux amys.
Et ne fault ia qu'on ferme la Champaigne
Plus toſt à moy, qu'a quelcque Iean d'Heſpaigne.
Car quoy que né de Paris ie ne ſoys,
Point ie ne laiſſe à eſtre bon Françoys.
Et ſi de moy com' i'eſpere lon penſe,
I'ay entreprins, pour faire recompenſe.

D 2   Vng

Vng œuure exquis, si ma Muse s'enflamme :
Qui, malgré temps, malgré fer, malgré flamme,
Et malgré mort, faira viure sans fin
Le Roy Françoys, & son noble Daulphin.

FIN

DE L'EPISTRE

DE

MAROT.

Chant royal de

LA CONCEPTION

de la glorieuſe & ſa-
crée vierge
Marie.

*

O R S que le Roy par hault
deſir, & cure
Delibera d'aller veincre en-
nemys,
Et retirer de leur priſon ob-
ſcure
Ceulx de ſon Oſt à grands
torments ſubmis,
Il enuoya ſes Fouriers en
Iudée,

Prendre logis ſur place bien fondée :
Puis commanda tendre en forme facile
Vng pauillon, pour exquis domicile :
Dedans lequel dreſſer il propoſa
Son lict de Camp, nommé en plein concile
La digne couche, ou le Roy repoſa.

Au pauillon fut la riche peincture
Monſtrant par qui noz pechez ſont remis :

D 3 C'eſtoit

C'eſtoit la nue, ayant en ſa cloſture
Le iardin clos, à touts Humains promis,
La grand' Cité des haults cieulx regardée.
Le Lys Royal, l'Oliue collaudée,
Auecq' la tour de Dauid immobile :
Parquoy l'Ouurier ſur touts le plus habile
En lieu ſi noble aſſiſt, & appoſa
(Mettant en fin le dict de la Sibille)
La digne couche, ou le Roy repoſa.

   D'antique ouurage à compoſé Nature
Le boys du lict, ou n'a vng poinct obmis,
Mais au coiſsin plume tresblanche, & pure
D'vng blanc colomb le grand Ouurier a mis :
Puis Charité tant quiſe, & demandée
Le lict prepare auec Paix accordée :
Linge treſpur Dame innocence fille :
Diuinité les trois rideaux enfile,
Et à l'entour les tendit, & poſa,
Pour preſeruer du vent froid, & mobile
La digne couche, ou le Roy repoſa.

   Aulcuns ont dict noire la couuerture :
Ce, qui n'eſt pas : car du Ciel fut tranſmis
Son luſtre blanc, ſans aultre art de teincture :
Vng grand paſteur l'auoit ainſy permis :
Lequel iadis, par grace concordée,
De ſes Aigneaux la toiſon bien gardée
Tranſmiſt au cloz de Nature ſubtile,
Qui vne en feit la plus blanche, & vtile,
Qu'oncques ſa main tiſſut, ou compoſa :
Dont elle aorna (oultre ſon commun ſtile)

La

La digne couche, ou le Roy reposa.

    Pas n'eut vng Ciel faict à frange, & figure
De fins Damas, fargettes, ou famis :
Car le hault Ciel, que tout rond on figure,
Pour telle couche illuſtrer fut commis.
D'vng tour eſtoit ſi pretieux bordée,
Qu'oncques ne fut de vermine abordée.
N'eſt-ce donc pas d'humanité fertile
Oeuure bien faict, veu que l'Aſpic hoſtile,
Pour y dormir, approcher n'en oſa ?
Certes, ſi eſt : & n'eſt à luy ſeruile
La digne couche, ou le Roy repoſa.

Enuoy.

Prince, ie prends en mon ſens puerile
Le pauillon, pour ſaincte Anne ſterile :
Le Roy, pour Dieu, qui aux Cieulx repoſa :
Et Marie eſt, vray comme l'Euangile,
La digne couche, ou le Roy repoſa.

FIN.

D 4

Deuis Chresti-

ENS SVR LA PAS-
sion de noſtre Seigneur
Ieſus Chriſt.

*

E Pellican de la foreſt celicque
Entre ſes faicts tant beaulx, & nou-
uelletz,
Apres les Cieulx, & l'ordre archange-
licque,
Voulut creér ſes petits Oyſeletz.
Puis s'en vola, les laiſſa touts ſeuletz,
Et leur donna, pour myeulx ſur la terre eſtre,
La grand' foreſt de paradis terreſtre,
D'arbres de vie amplement reueſtue,
Plantés par luy, qu'on peult dire en tout eſtre
Le Pellican, qui pour les ſiens ſe tue.
Mais ce pendant qu'en ramage muſicque
Chantent au boys, comme roſſignoletz,
Vng Oyſeleur cauteleux & inique
Les a deceuz à glus, retz, & filletz:
Dont ſont bannis des iardins verdeletz,
Car des haults fruictz trop voulurent repaiſtre:
Par quoy en lieu ſentant pouldre, & ſalpeſtre
Par pluſieurs ans mainte ſouffrance ont euë,
En attendant hors du beau lieu champeſtre

Le Pellican qui pour les siens se tue.

Pour eulx mourut cest Oysel deificque,
Car du hault bois plein de saincts Angeletz
Vola ça bas par charité pudicque,
Ou il trouua corbeaulx tresords & laidz
Qui de son sang ont faict maints ruysseletz,
Le tourmentant à dextre & à senestre:
Si que sa mort, comme lon peult congnoistre,
A ses petitz a la vie rendue.
Ainsi leur faict sa bonté apparoistre
Le Pellican, qui pour les siens se tue.

Enuoy.

Les corbeaulx sont ces Iuifz exilés,
Qui ont à tort les membres mutilés
Du Pellican, c'est du seul Dieu & Maistre.
Les Oyseletz, sont humains qu'il feist naistre,
Et l'Oyseleur, la serpente tortue
Qui les deceut, leur faisant mescongnoistre
Le Pellican, qui pour les siens se tue.

FIN.

D

Chant Royal.

N'Eſt il faſcheux icy longuement viure?
Ie dy aux bons, qui rien qu'affliction
N'y trouueront : car celuy qui veult ſuiure
La verité, grand' perſecution
Luy fault ſouffrir, & auoir patience:
Myeulx doncq' luy vault en ſaine conſcience,
Comme ſainct Paul, deſirer de partir
De ce vil corps, ou vit certes martyr,
Son ame au ciel auecques Dieu rauie:
Car à ceſtuy pour ſon Dieu reſſortir,
La mort eſt fin & principe de vie.

O le bon gaing de mort, qui nous deliure
Tout à vng coup de tribulation !
Lequel debuons diligemment pourſuiure
Si nous fions en CHRIST, ſans fiction
Victorieux par ſa mort & puiſſance
De mort d'enfer, & peché ſans doubtance
Mort ne ſeruant au iuſte que partir
l'Eſprit du corps, & ſalut impartir:
Qui de rechef mal gré mortelle enuie,
Viuant reuient : car pour vous aduertir,
La mort eſt fin, & principe de vie.

Mais aux pecheurs voulans peché enſuiure
Male eſt la mort, qui ſuyt damnation:
Gardons pourtant qu'aulcuns de nous ne s'iure
D'humains plaiſirs & diſſolution,
Venans apres malheur & deſplaiſance.
Qui doncq' ſaige eſt, il face penitence,

E

Et d'humble cœur se vueille conuertir
Sans plus pecher, ne iamais diuertir:
Car mauldict est, qui de grace deuie:
Mais à celuy qui s'en veult assortir,
La mort est fin, & principe de vie.

Prenons pourtant, sans danger, le sainct Liure
De IESVS CHRIST pour nostre instruction
Entre les mains: car au poix de la libure
Vng monde vault de reprobation.
Là nous oyrrons icelle Sapience
Le filz de Dieu se disant la substance,
Qui viure faict & au Ciel reuertir
l'Homme à tousiours sans iamais departir,
Qui par telz motz doulcement nous conuie
Croyre qu'aux siens, qu'il ne veult subuertir,
La mort est fin, & principe de vie.

Celle mort doncq' qui faict ainsi reuiure
Apres mourir, pour resolution,
N'est qu'vng dormir que chascun doibt consuyure,
Comme dict est en ma narration.
Corrigé soit pourtant l'accoustumance
Paignant la mort pleine de malueiullance,
Tenant vng dard semblant tout neantir:
Ce qui n'est pas: car qui se sçait sortir
De Foy vers Dieu au prochain asseruie,
Au Ciel tendant, au Seigneur ressortir,
La mort est fin, & principe de vie.

Prince haultain, pour du propos sortir,
A qui Dieu plaist cil sa chair amortir

Estudiera

Estudiera par prudente partie,
Et que nul n'ait, le voulant peruertir.
La mort est fin, & principe de vie.

F I N.

Huictain du maintien, que lon
doibt tenir à la
table.

Celluy qui est pour repaistre à la table,
Ne doibt tenir propos en touts ses dictz
Que de ioye, & exultationis.
Et sil oyt chose qui ne soit pas notable,
Ou contre aultruy dire cas de mespris,
Le doibt celer sic vt confessionis.
Dauid le note, ce n'est pas vne fable
Quand il descript, Sonus epulantis.

Bien heureux,
QVI NE DOIBT
rien.

*

Ien heureux, qui ne doibt riens,
Car, qu'eſt il plus calamiteux
A toy, Debteur, priué de biens,
Que d'eſtre tant de fois honteux,
Tant de fois comme marmiteux,
roter ton front, fuyr, toy muſſer, reculler
u Crediteur, mentir, auſſy diſſimuler?
vng ſuppliant maintenant faire l'acte,
uis maintenant prier en chere matte:
tre appellé, à fin que t'aduertiſſe
blicquement, & ſouuent en Iuſtice?
ec cela, deſuy, euite,
reillement du doigt eſtre noté,
briefuement, ne fault qu'il t'en deſplaiſe,
auoir iamais en ville, ny Cité,
nt que ſeras en telle anxieté,
tes plaiſirs, ny tes droicts, ny ton ayſe.
Notes, Debteur, que telles paſſions
emblent moult d'aultres cas incommodes.
porte en ſoy, pour ſes afflictions
rgent d'aultruy, qu'on doibt par pluſieurs modes.
odotus, qui à faict de beaulx Codes

A cc

A ce propos,dedans ſon premier Liure,
A ceulx de Perſe,pour bien les faire viure,
Eſcript auoit deux maulx iadis eſté:
L'vng eſt debuoir : l'aultre,pour verité
C'eſt de mentir au Crediteur : Or penſe,
Que touts les cas,qu'icy ie te recenſe,
Dont le Debteur ſouuent actionné,
Pour ſes debtes eſt fort paſſionné,
Feront iuger,ie t'en veulx aduertir,
Que ceulx,qui doibuent,ainſi l'a ordonné
Heur,& malheur,qui n'eſt à touts donné,
Souuentesfois ſont contreinctz de mentir.

Ce, qui faict la
VIE DE L'HOM-
me bien heu-
reuſe.

On filz, voicy, ſi tu le veulx ſçauoir,
Qui faict à l'Homme heureuſe vie
auoir :
Succeſsion, non biens acquis en peine,
Feu en tout temps, maiſon plaiſante,
& ſaine :
Iamais proces, les membres bien diſpoſts,
Et au dedans, vng eſprit à repos.
Saige en ſimpleſſe : amys à ſoy pareilz,
Table ſans art, & ſans grands appareilz,
Facilement auec toutes gens viure,
Nuyct ſans nul ſoing, & n'eſtre iamais yure :
Femme ioyeuſe, & chaſte neantmoins,
Dormir, qui faict, que la nuict dure moins,
Plus hault, qu'on eſt, ne vouloir plus atteindre,
Ne deſirer la mort, ny ne la creindre :
Voyla, mon filz, ſi tu le veulx ſçauoir,
Qui faict à l'Homme heureuſe vie auoir.

FIN.

ET·COL LIGAM

M. NICOLLE PARIS